APRENDIZAGEM NA UNIVERSIDADE. PARTICIPAÇÃO DO ESTUDANTE

Dados Internacionais de Catalogação na Publicação (CIP)
(Câmara Brasileira do Livro, SP, Brasil)

Imbernón, Francisco
  Aprendizagem na universidade. Participação do estudante / Francisco Imbernón, José Luís Medina ; [tradução Sandra Trabucco Valenzuela]. -- São Paulo : Cortez, 2022.

  Título original: El aprendizaje en la universidad. La participación del alumnado
  ISBN 978-65-5555-238-6

  1. Aprendizagem 2. Educação 3. Educação - Finalidade e objetivos 4. Ensino universitário 5. Prática pedagógica 6. Professores - Formação 7. Sala de aula I. Medina, José Luís. II. Título.

22-101060

CDD-378.125

Índices para catálogo sistemático:

1. Ensino universitário : Educação superior 378.125

Maria Alice Ferreira - Bibliotecária - CRB-8/7964

Francisco Imbernón ▪ José Luís Medina

APRENDIZAGEM NA UNIVERSIDADE. PARTICIPAÇÃO DO ESTUDANTE

Aprendizagem na universidade. Participação do estudante
Título original: *El aprendizaje en la universidad. La participación del alumnado*
Francisco Imbernón e José Luís Medina

Capa: de Sign Arte Visual
Tradução do espanhol para o português: Sandra Trabucco Valenzuela
Preparação de originais: Ana Paula Luccisano
Revisão: Jaci Dantas de Oliveira
Composição: Linea Editora
Assessor editorial: Marcos Cezar de Freitas
Editora-assistente: Priscila Flório Augusto
Coordenação editorial: Danilo Morales
Direção editorial: Miriam Cortez

Nenhuma parte desta obra pode ser reproduzida ou duplicada sem autorização expressa dos autores e do editor.

© 2022 by Autores

Direitos para esta edição
CORTEZ EDITORA
R. Monte Alegre, 1074 — Perdizes
05014-001 — São Paulo-SP
Tel.: +55 11 3864 0111
cortez@cortezeditora.com.br
www.cortezeditora.com.br

Impresso no Brasil – abril de 2022

Sumário

Nota da editora 7

1. Introdução 11

2. Mudanças no processo de ensino-aprendizagem 17

3. O planejamento da docência universitária 25

4. Estratégias colaborativas 37

5. Quando escolher uma estratégia ou outra?..... 79

6. Dificuldades na participação do alunado........ 87

Para ampliar 93

Nota da editora

O professor Francisco Imbernón é um autor cujos livros acrescentam prestígio e reconhecimento nacional e internacional ao Catálogo da Cortez Editora.

Trata-se de uma produção intelectual que tem força argumentativa e lastro em pesquisa e que, por isso mesmo, mais do que representar o campo acadêmico que acumula conhecimento a respeito do tema formação de professores, Imbernón é um dos seus mais reconhecidos e legítimos configuradores.

Formação de professores diz respeito a um universo analítico devedor de sua contínua, profícua e renovadora obra. E esse autor nos ensinou que a formação permanente do professorado é um processo atento a situações problemáticas e que deve se abrir constantemente à dinâmica que potencializa a identidade docente.

Este autor que em seu sensível artesanato argumentativo já nos presenteou em outros escritos com ricas categorias como as "comunidades formativas" e a "atenção à complexidade" nos oferece, agora, mais um presente, cuja escrita foi compartilhada com José Luís Medina.

Neste livro, com o rigor e a originalidade de sempre, o ensinar e o aprender no ensino superior são abordados de modo inspirador, com exemplos e argumentos significativos, articuladores de uma renovação muito procurada para a docência universitária.

Mas esta nota da editora quer registrar um aspecto singular que acompanha este "regalo" de Imbernón à Cortez Editora, pois com este livro luminoso homenageou José Xavier Cortez que no final de 2021 seguiu sua jornada em direção à paz definitiva.

A Cortez Editora recebeu este texto com muita emoção, respeito, gratidão e profunda admiração.

Aprendemos com o nosso pai, José Xavier Cortez, a reconhecer aqueles e aquelas que constroem novos caminhos e novos modos de caminhar.

A presença de Francisco Imbernón em nosso Catálogo nos pacifica e tranquiliza, pois demonstra que continuamos lutando para honrar o legado que recebemos. E a publicação desta obra compartilha com leitores e leitoras do Brasil o tesouro que recebemos e, para além desse fato em si auspicioso, faz também com que nós, semeadoras de livros, renovemos nossas esperanças.

Janeiro de 2022

Miriam e *Mara Cortez*

1

INTRODUÇÃO

Este livro é sobre como ensinar e aprender no ensino superior, atividades que, juntamente à pesquisa e à gestão, ocupam o tempo dos professores. O título do texto poderia ter sido *estratégias, técnicas, dinâmicas* ou *atividades de* ensino na universidade. São conceitos sinônimos que indicam os diversos procedimentos que os professores possuem para que, a partir do ensino, os alunos aprendam os conhecimentos acadêmicos de forma significativa. E acrescentamos o termo *participação*, uma vez que o texto visa analisar e buscar alternativas para a transmissão de conhecimentos que se originam nas salas de aula da universidade, entendida como uma transmissão exclusivamente unilateral (ou metodologia do falante[1]), em que se realiza uma dissertação a respeito de um tema por parte do docente diante de um corpo

---

1. Em espanhol, foi utilizada a expressão "busto falante", que indica uma metodologia baseada em aula expositiva, realizada por um(a) único(a) professor(a).

discente que escuta passivamente e, no máximo, faz anotações ou registros, intervindo, de maneira ocasional, ao serem questionados sobre o assunto.

Existem, pelo menos, duas formas de ensinar conhecimentos acadêmicos: através da aprendizagem passiva por parte dos alunos (denominada passiva uma vez que o protagonismo é assumido pelo professor mediante a sessão transmissora) e da aprendizagem ativa, na qual os estudantes assumem um protagonismo maior na participação no ensino. A aprendizagem ativa também pode ser denominada, com nuanças ou quando certos elementos são introduzidos na participação, aprendizagem interativa e cooperativa. Essas últimas pretendem que os alunos se envolvam no processo de ensino-aprendizagem para uma consolidação e significação maior dele. Essas duas formas de transmissão de conhecimento ocorrem na universidade, embora entre as duas formas seja possível encontrar uma infinidade de nuanças (como um campo do conhecimento em que intervém uma infinidade de variáveis).

No entanto, o fato de os alunos participarem não retira o protagonismo do professor, uma vez que o docente tem um papel importante ao delinear espaços de aprendizagem e como guia do processo de ensino-aprendizagem. Como nos diz Schulman (1999):

> [...] não aceito a reclamação de que, na universidade, o ensino é menos valorizado do que a pesquisa. Em princípio, não acho que isso seja verdade. Acho que o que as universidades e os colegas valorizam são as coisas que se tornam propriedade da comunidade. E a pesquisa se torna propriedade da comunidade [...]. Assim, enquanto a pesquisa se torna parte do discurso da comunidade, o ensino continua sendo para a maioria de nós um ato privado.

Assim, transformar o ensino nesse ato compartilhado é uma das responsabilidades do professorado.

Contudo, também não podemos cair numa ingenuidade pedagógica. Temos de colocar este texto numa conjuntura específica de nossa experiência de ensino universitário. É difícil falar em termos genéricos do ensino universitário. As diferentes universidades, as demandas das várias ciências, as características do alunado, considerar o contexto, as características pessoais e as distintas faculdades, estruturas, ciclos, posições etc. envolvem o dialogar e lidar com diversas culturas de ensino na universidade. Um professor universitário tem uma cultura acadêmica que é a intersecção de seus conhecimentos e habilidades; suas atitudes e emoções; e a situação de trabalho em que se encontra. As diferenças entre os professores geradas por esses três aspectos geram professores diferentes, currículos distintos (conteúdo e metodologia), contextos universitários diferenciados e alunos diversos. Portanto, envolve diferentes culturas acadêmicas. Por todas essas razões, o leitor deste texto deve escolher o que se adapta à sua cultura, ou o que pode auxiliá-lo a rever ou modificar essa cultura.

O texto tem como objetivo desenvolver estratégias metodológicas para alcançar a participação dos alunos e provocar processos de aprendizagem significativos, por meio da interação do aluno e do conhecimento acadêmico. Isso é efetuado em duas partes: a primeira é realizada mediante a análise da nova configuração do ensino superior e sua adequação com a participação dos alunos; e, a segunda parte, por intermédio de um *workshop* feito com os professores para que eles possam internalizar de forma autônoma as diferentes estratégias de participação.

2

MUDANÇAS NO PROCESSO DE ENSINO-APRENDIZAGEM

A realidade do século XXI nos obriga a repensar diferentes questões e iniciar algumas modificações e adaptações no sistema universitário atual. Hoje parece "fácil" para todos nós falar sobre *1984*, assim como de todas as teorias e anedotas que se referem a ele (o "grande irmão", o ministério da verdade, a tela que nos via dentro de nossa casa...). Certamente, é muito menos arriscado do que quando George Orwell escreveu seu famoso romance em 1948. No entanto, tentar avançar o futuro obriga-nos a realizar um ato de previsão arriscado, um esforço de imaginação não isento de possíveis erros gerados pelo modo de vida, pela forma de perceber o presente, bem como aquele futuro imediato que parece mais previsível. É ainda mais difícil quando o exercício "profético" ocorre em um futuro marcado por mudança e incerteza. Assim, é a partir da dúvida que proponho aqui uma possível análise de como pode e/ou deve ser a futura instituição universitária.

Uma primeira e mais elementar abordagem leva-
-nos a, paradoxalmente, propor uma ideia global e
radical: a universidade deve mudar radicalmente, e
observada de qualquer ponto de vista, deve tornar-
-se uma entidade verdadeiramente diferente e em
sintonia com as mudanças vertiginosas ocorridas nos
últimos 25 anos. A universidade deve abandonar a
concepção do século XIX, da qual procede e que se
tornou totalmente obsoleta, para assumir uma nova
cultura, tanto na forma quanto no conteúdo.

Uma segunda abordagem (e destaco que todas
são a mesma coisa) consiste na análise da sociedade
em que a universidade está inserida. Essa sociedade,
no século XXI, pouco se assemelha àquela de 30 anos
atrás, basta lembrar que cada vez é preciso menos
tempo para duplicar o conhecimento acumulado pela
humanidade. O surgimento da tecnologia, a espe-
cialização constante das ciências sociais, a crítica ao
método científico tradicional, o conceito de ciência,
as novas atitudes sociais, o debate sobre o que deve
ser ensinado, a imprescindível formação contínua dos
indivíduos, os novos meios de formação, tudo isso
e muitos outros aspectos influenciam fortemente a
universidade, e devem servir de estímulo ou de ânimo

para superar a desmobilização, a tutela, a estagnação e certas rivalidades endêmicas.

A universidade não pode ignorar a necessária autorrenovação, e quem nela trabalha deve dedicar-se predominantemente a essa tarefa, pois decretos e leis não bastam.

É claro que a universidade (e estou falando por experiência própria) evoluiu nos últimos anos, mas sem quebrar as diretrizes que foram estabelecidas em seu nascimento. Já não se considera um privilégio passar por ela, como um sinal de pertença a uma elite. É preciso ter em mente que, antes, a formação universitária era um processo vinculado à categoria social e não um meio para atingi-la. Essa evolução e essa ampliação de acesso a outras camadas sociais devem orientar a universidade do futuro para um conceito de instituição que deve educar na vida e para a vida. Vejamos isso com mais calma.

Para que a universidade de fato eduque na vida e para a vida, é preciso superar definitivamente as abordagens tecnológicas, funcionalistas e burocratizantes e, ao contrário, deve tender (dentro e fora, isto é, em suas relações e práticas) a um caráter mais relacional, mais cultural-contextual e comunitário, esfera em que se torna importante a interação entre todas as pessoas vinculadas, seja pelo trabalho nela, seja por sua condição de usuário, agente social ou simples membro da comunidade. Essa interação deve refletir o dinamismo social e cultural de uma instituição que é a comunidade e está a serviço dela. A universidade deve deixar de ser um "lugar" exclusivo onde se aprende uma profissão, uma carreira, um ofício — não importa como designemos isso agora — para assumir que é também uma manifestação de vida em toda a sua complexidade, em toda a sua rede de relações e dispositivos com uma comunidade que a contém, para mostrar uma forma institucional de conhecer e, portanto, de pesquisar e ensinar o mundo e todas as suas manifestações. Por exemplo, não poderemos encarar o futuro sem ensinar (e aprender) a complexidade de ser cidadão e as várias sensibilidades nas quais se materializa: democrática, social, solidária, igualitária, intercultural e ambiental etc. E isso faz com que a formação universitária se torne cada vez mais complexa, muito mais do que um mero ensinar (transmitir) a uma minoria homogênea, típica de uma época em que o conhecimento e sua gestão estavam nas mãos de poucos, os quais monopolizavam o saber.

Em consequência, se a formação dos seres humanos se torna mais complexa, o mesmo acontecerá com a profissão de docente universitário. Essa complexidade é agravada pela mudança radical e vertiginosa das estruturas científicas, sociais e educacionais (em sentido amplo) que dão sustentação e sentido ao caráter institucional do sistema educacional.

Durante as últimas décadas, vimos como o conhecimento nocionista e imutável das ciências foi questionado e como outras concepções surgiram, nas quais a mudança e a incerteza desempenham um papel importante. Porém, mais ao debate do que às práticas universitárias, aspectos éticos, relacionais, colegiais, atitudinais, emocionais e reflexivos têm sido especialmente incorporados, os quais são necessários para uma melhor formação científica e democrática de futuros cidadãos e cidadãs. Começou-se a valorizar — e nesse futuro a que nos referimos será fundamental — a importância do sujeito (enquanto a modernidade deu importância à razão, ao objeto, a pós-modernidade se interessa pela relatividade e pelo sujeito) e de sua participação, portanto, a relevância adquirida por sua bagagem sociocultural (por exemplo: comunicação, trabalho em grupo, debate democrático, aprendizagem dialógica, processos em vez de produtos, desenvolvimento de projetos conjuntos, tomada de decisão democrática, análise de situações e, claro, conhecimento sólido) na formação do futuro.

Nos tempos vindouros, precisaremos de uma universidade renovada e de uma nova forma de formação nas diferentes estruturas organizacionais universitárias, e isso requer a quebra de muitas inércias institucionais. Para essa ruptura, faz-se necessária uma importante reconceituação da universidade e da profissão docente universitária, bem como uma valorização de novas competências profissionais por parte do corpo docente. Em outras palavras, a nova era requer uma universidade, uma formação universitária e um profissional de ensino muito diferentes.

3

O PLANEJAMENTO DA DOCÊNCIA UNIVERSITÁRIA

O planejamento refere-se ao fato de desenhar, concretizar num projeto algumas intenções educacionais e o modo de alcançá-las: as atividades a serem realizadas.

As atividades constituem o elemento central do processo de ensino-aprendizagem e, portanto, podemos identificar dois tipos principais de atividades: a dos alunos e a do docente. Em vez de investir tempo selecionando, organizando e desenvolvendo conteúdos, é preciso enfatizar o desenho de processos de aprendizagem que permitam ao alunado desenvolver estratégias analíticas e críticas, inquisitivas, reflexivas, criativas, orientadas à resolução de problemas etc. Em outras palavras: ensinar, facilitar o aprendizado e permitir que eles "aprendam a aprender". Desse modo, é o aluno que busca a informação, estabelece vínculos significativos com a informação já conhecida e com suas experiências anteriores, construindo assim conhecimento (os conteúdos de aprendizagem) com a ajuda do professor e da professora.

O primeiro passo seria repensar as questões tradicionais utilizadas pelo docente para refletir sobre a ação educativa. Considerando que o peso do processo de ensino-aprendizagem recai sobre os alunos, será preciso focar as perguntas a partir dessa perspectiva, tendo em conta as limitações do(a) professor(a) no momento de intervir na construção da aprendizagem dos alunos:

- O que o(a) professor(a) quer que os alunos aprendam?
- Quando os alunos podem aprender?
- Como posso facilitar o aprendizado? Atividades de ensino e aprendizagem.
- O que, como e quando avaliar?

Vamos desenvolver as questões anteriores.

- *O que o(a) professor(a) quer que os alunos aprendam?* Pensar nos objetivos da disciplina, no conteúdo associado e em qual é o grau de ajuda que os alunos precisam para alcançá-los. Qual o tipo de ajuda direta do docente, supervisão contínua ou um auxílio mais específico, visto que o aluno também deve trabalhar de forma independente.

- *Quando os alunos podem aprender?* No que concerne à dimensão espacial, os estudantes podem aprender dentro e fora da sala de aula. Por isso, é importante e necessário promover e reconhecer a utilização, por parte do aluno, de múltiplas e variadas fontes de informação que se encontram além das paredes da sala de aula: biblioteca, internet, arquivos, trabalhos de campo etc.
- *Como posso facilitar o aprendizado? Atividades de ensino e aprendizagem.* Dependendo do que os alunos querem aprender, um passo importante é pensar em como eles vão atingir os objetivos educacionais, ou seja, pensar no desenho das atividades, no que será feito para ensinar e aprender. Essas atividades de ensino-aprendizagem voltadas para a aprendizagem por parte de estudantes universitários podem ser classificadas em três blocos, que serão definidos pelo grau de autonomia exigido dos alunos

e pelo significado e objetivo da aprendizagem (explorar conhecimentos prévios, informar, reforçar, esclarecer, exercitar, desenvolver conhecimentos, aprofundar etc.): presencial, não presencial dirigido (ou semipresencial) e não presencial autônomo.

Cada um desses tipos de atividades corresponde a aproximadamente um terço do total de créditos da disciplina, mas essa fragmentação não significa que as atividades permaneçam independentes umas das outras. O processo de ensino-aprendizagem do aluno deve ser entendido como um processo dinâmico e não linear, o que implica que os diferentes tipos de atividades devem ser coerentes entre si e ocorrer ao mesmo tempo. A sequência formativa não é única nem linear, mas possui níveis diferentes que interagem entre si.

- *O que, como e quando avaliar?* Como fica claro pelo exposto anteriormente, tanto a avaliação como a tutoria são dois processos transversais que ocorrem ao longo do processo de ensino-aprendizagem. Essa proposta seria coerente, em princípio, com as teorias atuais que propõem uma avaliação inicial, formativa ou contínua e somativa e da tutoria como um processo, embora, muitas vezes, não seja o caso na prática do ensino universitário. O que mudaria não seria tanto *o que* é feito, mas o *como* é feito e *onde* está; como se propõe a tutoria e a avaliação ao corpo discente, como é apresentada a eles e quais as estratégias utilizadas. Seria necessário conscientizar os alunos de que a avaliação é um instrumento de melhoria e não um momento crucial e de término da disciplina, quando é preciso prestar contas do que se aprendeu ou, pior ainda, do que não foi aprendido.[2] Os estudantes devem entender isso como algo positivo, como um

---

2. É preciso uma coerência entre o que o nosso alunado aprende e como avaliamos o que aprendeu. Visto que dois terços das atividades propostas supõem trabalho não presencial mais ou menos autônomo e de construção (pessoal/em grupo) de conhecimentos, e considerando que os alunos universitários são muito diferentes, é de se esperar que o alunado aprenda coisas distintas. Portanto, seria necessário permitir que os estudantes utilizassem formas diversificadas de mostrar o que aprenderam. O docente poderia usar diferentes metodologias de avaliação ou mesmo usar aquelas que revelam melhor o itinerário e o tipo de aprendizagem do estudante (por exemplo, relatório de aprendizagem ou portfólio).

processo de ajuda que lhes permita refletir sobre o que estão fazendo e o que podem fazer para melhorar. Ao focar o planejamento na *atividade,* as produções dela derivadas, bem como as observações do(a) professor(a) e do alunado sobre o processo de aprendizagem realizado, são indicadoras avaliativas suficientes. No entanto, uma estratégia de avaliação recomendada seria o *relatório de atividades ou portfólio de aprendizagem,* devido ao seu potencial como um elemento integrador e espinha dorsal da aprendizagem do estudante. Outras ferramentas valiosas podem ser o *plano de ação* e o *contrato didático,* pois facilitam o envolvimento e o comprometimento do(a) aluno(a) na sua aprendizagem, auxiliando a aprender a administrar o seu tempo, elemento importante nesse novo modelo de formação.

- *A tutoria:* com esta abordagem transversal, destaca-se o papel da tutoria por ser entendida como um processo de acompanhamento individual e coletivo, obrigatório e necessário ao aluno na construção da sua aprendizagem.

Distribuição, organização e uso de espaços educacionais

Como já dissemos, o planejamento do ensino é baseado na atividade de aprendizagem, a qual pode ser de três tipos: presencial, direta não presencial e autônoma não presencial. Essa divisão dá origem a novas necessidades em termos de infraestrutura e organização dos espaços:

- *Atividade presencial*: envolve a presença dos estudantes na sala de aula e, por vezes, quando é em aula expositiva, envolve até o trabalho em grupo, com diferentes grupos ao mesmo tempo. Isso se traduz na necessidade de grandes espaços (auditórios, salas amplas etc.) e meios (as salas de aula, laboratórios etc.) onde os alunos desenvolverão, não vamos esquecer, um terço do seu processo de aprendizagem.

- *Atividade não presencial orientada*: consiste na formação de pequenos grupos de aprendizagem que se reúnem periodicamente com o professor-tutor para trabalhar diferentes aspectos relacionados ao processo de aprendizagem que estão desenvolvendo. Este tipo de organização implica a necessidade de salas de aula ou pequenos espaços com diferentes recursos tecnológicos e com mobiliário que possa ser movimentado de modo a facilitar a participação e intervenção dos alunos.

- *Atividade autônoma*: nesse ponto, deve-se avaliar a necessidade de promover os espaços virtuais, como uma central de recursos à disposição do aluno, também como espaços de promoção de diálogo e intercâmbio entre professor-aluno e aluno-aluno. Da mesma forma, seria preciso que a universidade tivesse pequenas salas de estudo (com os recursos necessários) para que os alunos pudessem se reunir e trabalhar de forma colaborativa e autônoma com grande flexibilidade de horários.

Transferir a prioridade do processo educativo para a aprendizagem dos alunos representa, em grande medida, uma ruptura com o modelo tradicional que rege as salas de aula universitárias, com base na *privacidade* do trabalho docente, exercido de forma isolada e *oniscientemente* pelo professor. Se o que importa não é o *que ensinamos*, mas o *que os alunos aprendem*, torna-se imprescindível um trabalho de *coordenação e colaboração* por parte do corpo docente.

No sentido de potencializar a autonomia e o esforço dos alunos, acreditamos que as salas de aula universitárias devem se tornar verdadeiros espaços de aprendizagem, aproveitando, assim, a potencialidade da aprendizagem colaborativa e dialógica baseada no trabalho em equipe.

Para promover os processos de inovação e mudança na docência que acabamos de delinear, apresentamos a seguir uma oficina de formação em estratégias metodológicas participativas, que tem obtido resultados positivos na formação de professores universitários.

4

ESTRATÉGIAS COLABORATIVAS

Dentro da metodologia colaborativa, encontramos várias estratégias para ativar a participação dos alunos. Entre as muitas estratégias de trabalho em grupo, selecionamos as seguintes, devido à sua maior aplicação nas salas de aula no nível superior.

Aprendizagem baseada em projetos

O método de projetos é muito antigo. Foi posto em prática no início do século XX (1918) em todas as disciplinas e consiste na projeção de algo concreto pelo corpo discente, com o intuito de resolver uma situação problemática específica que requer soluções práticas. Pode ser individual ou em grupo.

As dificuldades de realização da metodologia baseada em projetos no ambiente universitário podem se relacionar ao formalismo das disciplinas e ao tempo de desenvolvimento do projeto.

As etapas mais características do projeto são:

- Seleção de projeto.
- Introdução: apresentar e posicionar o projeto e suas ideias centrais.
- Planejamento de todos os detalhes do projeto; distribuição de tarefas.
- Seleção do material necessário; obtenção e estruturação das informações.
- Acompanhamento do projeto.
- Realização do projeto.
- Apresentação do projeto.
- Análise e avaliação do que foi feito e das contribuições individuais.

Na sequência, deve-se analisar e avaliar o que foi realizado, bem como as contribuições individuais.

A aplicação da metodologia baseada em projeto desenvolve nos alunos o espírito de iniciativa e criatividade, mas também aprofunda o sentido de responsabilidade e, sobretudo, permite-lhes formular e avaliar hipóteses, planejar, encontrar soluções, consultar fontes de informação, escrever relatórios etc.

Na universidade, o projeto é complementado pelo trabalho do professor, que ajuda a sistematizar e a transferir os elementos que foram trabalhados para a matéria que está sendo estudada.

Hoje, nos deparamos com a Filosofia do *Maker, Do It Yourself* (DIY) e a *Do It Together* (DIT), as quais promovem que os próprios alunos gerem novas formas de enfrentar problemas e situações reais, e que construam produtos capazes de propor uma resposta adaptada às necessidades. Uma das implicações diretas dessa metodologia é a criação de um espaço e tempo propício à criação (*Makerspaces*). O *Maker* transforma os espaços universitários em locais onde se possa gerar criativamente todo o tipo de produtos. Embora sejam lugares que podem parecer mais comuns em cursos como Arquitetura ou Engenharia, há também esses espaços nos cursos de Economia, Artes ou Educação.

Estudo dirigido

Trata-se de uma metodologia que orienta os alunos nas diversas técnicas de estudo, com o objetivo de desenvolver o pensamento reflexivo.

As etapas mais características dessa metodologia são:

— O tempo da sessão (ou conjunto de sessões) divide-se em duas partes: na primeira, é feita uma explicação do assunto e, a seguir, reserva-se uma etapa para a elaboração de trabalhos em grupo durante as aulas.

— Na parte de trabalho em grupo, os alunos são divididos em pequenos grupos, sendo que cada um deve analisar e preparar os temas que são objeto de estudo.

— O material entregue ao aluno deve conter as regras do estudo e os objetivos a serem alcançados.

A metodologia de estudo visa à autogestão dos alunos diante do tema abordado, no entanto, essa abordagem não pode servir de pretexto para que o(a) professor(a) não faça a exposição inicial do tema. Essa apresentação inicial do assunto e a preparação das diretrizes do estudo dirigido são fundamentais nessa metodologia.

O estudo dirigido também pode ser individual ou em pequenos grupos, na forma de seminário (mínimo de cinco e máximo de 12 alunos), em que cada grupo estuda o tema em diferentes sessões de trabalho para posteriormente apresentá-lo ao grande grupo.

Debate

Constitui uma troca de ideias sobre determinado assunto e pode ser usado para abordar uma situação de diferentes pontos de vista. O assunto a ser tratado deve ser sempre suscetível a interpretações distintas, no entanto, não se podem utilizar técnicas abertas para assuntos cuja conclusão científica já esteja estabelecida.

O grupo deve saber com antecedência que essa estratégia vai ser realizada e, assim, poderá informar-se para atuar com liberdade de conhecimento e em clima de respeito no que concerne aos "adversários". Uma discussão mal planejada pode ser uma grande perda de tempo.

Deve-se alertar os alunos de que não se trata de uma estratégia de avaliação ou verificação de metas.

Os alunos devem entender que o debate é uma estratégia de aprendizagem.

O número de participantes nunca deve ultrapassar 12; se o grupo for muito grande, deverá ser dividido.

O debate não deve durar mais de uma hora. O docente faz uma apresentação, explicando o assunto e as condições da realização. Acima de tudo, deve-se ressaltar que é muito importante:

- a participação de todos os membros do grupo;
- que seja conveniente esgotar o assunto, a situação ou o conflito;
- que os argumentos devem ser lógicos e não baseados em opiniões pessoais;
- que é preciso respeitar e aceitar o outro.

A primeira pergunta pode ser feita pelo(a) professor(a), que pode, inclusive, responder a si mesmo(a), incentivando, assim, a participação. A partir desse momento, o docente deve se limitar a instigar o debate e garantir que nenhuma pessoa restrinja a liberdade de ninguém. A missão do docente é estimular e focar o direcionamento do tema.

Se o debate sair do assunto, é missão do(a) professor(a) trazê-lo de volta aos trilhos. Para isso, poderá ser feito um resumo para orientar o debate.

Um debate não deve ser encerrado sem que se faça uma síntese (lista de conclusões de cada ponto de vista) e, por sua vez, um debate não deve ser iniciado sem ter sido previamente preparado. O debate é muito útil para desenvolver a capacidade crítica e favorecer a troca de opiniões.

Como sugestão, como esquema para o desenvolvimento do debate, sugerimos:

Tema para debate:

Formulação da pergunta:

CONTRIBUIÇÕES	CONCLUSÕES
SÍNTESE:	

Fórum

O fórum permite a livre expressão de ideias, e constitui, talvez, a estratégia que proporciona maior liberdade do que um debate mais direcionado. Porém, justamente por isso, suas regras devem ser seguidas com rigor para que não se torne uma perda de tempo ou uma discussão inoperante.

O fórum começa (pensando numa atividade presencial) com uma explicação do(a) professor(a) sobre o tema ou documento a ser analisado e as questões a serem respondidas. Da mesma forma, é preciso explicar as seguintes regras ao grupo:

- É preciso pedir a palavra para falar.
- Manter a ordem de intervenção.
- Ser breve.
- Falar em voz alta.
- A duração do fórum deve ser limitada.

Na sequência, o grupo é encorajado a iniciar o fórum. Para incentivar a participação, o(a) próprio(a) professor(a) pode se dirigir a uma determinada pessoa e pedir a sua opinião.

O fórum também pode ser feito adaptando-se a estratégia ao ambiente virtual nos fóruns dos espaços virtuais das disciplinas.

Uma vez transcorrido o tempo do fórum, o(a) professor(a) deve:

- Fazer um resumo.
- Escrever as conclusões.
- Indicar as divergências.

Demonstração

Embora seja uma estratégia mais expositiva, também permite a participação dos alunos ao se envolverem na experimentação da demonstração. É útil, acima de tudo, desenvolver competências para novos processos ou sequências e contrastar resultados. A demonstração consiste em demonstrar processos experimentais, o manuseio de dispositivos ou o uso de ferramentas. Para ser mais eficiente, a demonstração em geral é realizada em pequenos grupos, mas, se o tema permitir, pode ser feita em um grupo maior. Os alunos podem participar da demonstração como processo prévio (indução) à revisão pelo(a) professor(a).

Simulação por meio de jogos teatrais ou dramatização

A dramatização ou *role-playing* (frequentemente tratados como sinônimos) supõe um novo nível de desenvolvimento no conjunto de metodologias baseadas em simulação. Trata-se da apresentação de uma situação que requer a representação de determinados papéis pelo alunado. Envolve a recriação de uma conjuntura e o envolvimento do grupo em sua abordagem. Aqui, os diferentes membros assumem um papel, que pode ser mais ou menos detalhado. A base dessas estratégias é assumir o "papel" daqueles que desejamos compreender. Trata-se de reviver uma situação que nos permita compreender o "porquê" das situações e das atitudes dos outros. Todas são pequenas representações.

Na dramatização, as pessoas são representadas pelos participantes. Por um lado, as emoções são geradas; por outro, a estrutura da personalidade dos participantes influencia o desenvolvimento do jogo. Resultado: a dramatização, em geral, produz resultados muito diferentes daqueles que surgem com a solução meramente intelectual do problema. No entanto, os atores estão sujeitos a uma limitação: cada ator recebe uma "linha geral" de comportamento.

É importante fazer uma análise crítica do processo. Por isso, no momento de reflexão em conjunto, deve-se analisar o processo de diálogo, bem como se houve mudanças nos personagens.

Ao final, analisam-se os seguintes aspectos:

- Os atores contam como se sentiram no papel.
- O grupo analisa o que aconteceu em geral.
- O(a) professor(a) analisa os aspectos particulares.
- Todo o grupo deve expressar sua opinião.

Devemos recordar que os objetivos foram claramente definidos; que os atores são sempre voluntários e devem ter um tempo para "assumir" o papel, buscando o máximo de naturalidade. Ao alcançar o que se queria observar ou trabalhar, deve-se encerrar a representação. Esse exercício servirá, acima de tudo, para analisar situações, praticar técnicas e habilidades e para mudança de atitudes.

Seminário

Seu principal objetivo é desenvolver habilidades analíticas, trabalhando sobre um tema específico, recorrendo a fontes primárias de informação.

O seminário é composto por um determinado número de pessoas (não mais do que 12 e não menos do que cinco) que compartilhem conhecimentos em comum e apresentem um nível de conhecimento semelhante. O tema de trabalho deve ser algo novo.

A responsabilidade pelos resultados cabe inteiramente a cada um dos membros do grupo, uma vez que não deve haver hierarquias no grupo. Geralmente, cada grupo conta com um(a) coordenador(a) que pode ser permanente ou rotativo — também pode haver um(a) coordenador(a) com mais experiência no assunto.

O seminário pode durar dias, semanas e até meses, com sessões planejadas com periodicidade estabelecida.

A tarefa dos componentes de um seminário é indagar, consultar, procurar fontes bibliográficas e orientar experiências até chegar a conclusões.

Os seminários são muito interessantes como uma atividade para buscar e analisar novas formas de comunicação, detectar os problemas para os quais os alunos devem ser alertados, estudar estratégias motivacionais etc.

Estudo de caso ou método

O estudo de caso nasceu como metodologia no curso de Direito de Harvard no final do século XIX. É a metodologia ativa ou colaborativa mais antiga e que, tendo nascido na área do Direito, hoje se estende a todas as disciplinas universitárias. O estudo de caso consiste sempre num problema ou numa série de problemas baseados em fatos e opiniões problemáticas, que não têm solução única ou correta. No estudo de caso, discute-se um caso e a solução para o problema proposto é buscada de forma meramente intelectual, pois o mais importante é o objetivo de provocar a análise, ou seja, é um trabalho de análise por meio da reflexão (individual ou em pequeno grupo). O tema deve ser capaz de interessar o estudante e deve também se relacionar com a realidade acadêmica que ele está estudando.

Um estudo de caso é "formativamente" diferente dos vários jogos em que os alunos assumem papéis, conforme descrevemos anteriormente.

É importante que o estudo de caso atenda aos seguintes requisitos:

- O material tem de nascer de uma experiência pessoal muito próxima da realidade.
- O caso deve ser possível.
- Deve ser fornecido por escrito.
- Deve ser aberto e sujeito à discussão.

Enquanto os jogos de desempenho de papéis têm como objetivos principais despertar emoções e exercer novas formas de comportamento, o estudo de um caso se move num plano intelectual. São habilidades para pensar analiticamente, separar o essencial do secundário e detectar prioridades.

O estudo de caso requer, muitas vezes, conhecimentos prévios nas disciplinas em que se trabalha.

Por essa razão, os estudos de caso são um meio educacional ideal para estudar um novo tópico com base em uma situação simulada a partir de todos os pontos de vista possíveis. O que é essencial para o sucesso de uma discussão de estudo de caso é a proposição das perguntas finais. Muitas vezes, não é possível esgotar todas as possibilidades de um caso, porque as perguntas não foram executadas de forma suficientemente específica.

Para avaliar um estudo de caso, recomendam-se dois caminhos diferentes, a saber:

a) Antes do início da discussão geral, cada participante lê o estudo individualmente e responde de maneira resumida às perguntas.

b) Ou, então, é possível dividir o grupo em diferentes grupos menores para discutir a solução por cerca de 30 minutos (ou o tempo que for necessário). Cada grupo nomeia um porta-voz e a discussão final ocorre. Essa estratégia é recomendada para a resolução de problemas difíceis e complexos. Posteriormente, todo o grupo participa com o(a) professor(a), organizando o compartilhamento geral.

O estudo de caso gera participação, motiva, ensina habilidades — como analisar problemas — e envolve o aluno. É uma estratégia muito eficaz entrar em contato com ideias diferentes, até mesmo contrárias às próprias.

Incidente crítico

O incidente crítico implica um nível mais elevado de complexidade em relação ao método do estudo de caso. Da mesma forma, apresenta-se aos alunos a descrição de uma situação problemática que requer a sua resolução, acompanhada de uma série de questões motivadoras que norteiam o debate.

A classe é dividida em pequenos grupos de trabalho, em geral, entre quatro e seis alunos, que trabalham individualmente, num pequeno grupo e, por último, num grande grupo durante a partilha.

É uma estratégia que deriva do estudo de caso. Apresenta-se ao grupo, de forma muito rápida (normalmente, numa única folha), uma situação problemática que tem uma solução. A partir desses dados, o grupo coleta informações complementares com o(a) professor(a) para analisar se a solução é a mais adequada. Após essa fase, se trabalha para encontrar outras soluções que envolvam a tomada de decisão; as propostas são debatidas em um pequeno grupo, chegando-se a uma solução consensual. Posteriormente, as soluções dos diferentes grupos são compartilhadas, havendo a reflexão sobre o processo e a decisão.

Essa atividade é interessante para desenvolver as competências relativas à reflexão sobre um problema e à tomada de decisões. Também funciona para aprender a resolver problemas e avaliar soluções em equipe.

Produção de organizadores gráficos ou estratégias de organização gráfica

É útil para tentar relacionar uma matéria nova com experiências e conhecimentos do aluno; permite destacar semelhanças ou diferenças (do novo conteúdo em comparação com o conhecimento já assimilado), explicar conceitos totalmente novos ou integrar a matéria nova a um sistema mais amplo (sobrepor/subordinar o tópico atual). É um organizador gráfico da sessão. Pode ser um gráfico, um diagrama elaborado pelo(a) professor(a) ou pelos alunos, um mapa conceitual ou semântico.

Segundo o autor mais representativo na área (Novak, 1988), os mapas conceituais visam representar relações significativas entre conceitos na forma de proposições. O objetivo deles é direcionar a atenção do aluno para algumas poucas ideias importantes sobre as quais devem concentrar a atenção em qualquer tarefa de aprendizagem específica. Um mapa conceitual é como um mapa rodoviário que mostra alguns dos caminhos que podem ser seguidos para conectar os significados dos conceitos, de modo que o resultado se apresente na forma de proposições.

O mapa conceitual é um esquema hierárquico (os conceitos mais gerais e inclusivos estão localizados na parte superior do mapa, já os conceitos progressivamente mais específicos e menos inclusivos, na parte inferior) que pode ser executado, seja pelos docentes, seja pelos alunos, no início da aula universitária como forma de organização prévia da atividade a ser ensinada, ou no final da aula, apresentando um resumo esquemático de tudo o que foi ensinado ou aprendido. Contudo, sua utilidade vai além, já que os mapas podem ser usados para explorar os conhecimentos prévios dos alunos, para ajudá-los a ver o caminho do processo de aprendizagem, facilitar a leitura, extrair significado do trabalho de laboratório e de campo, preparar apresentações orais ou trabalhos escritos. Mapas conceituais são uma boa ferramenta de ensino para o(a) professor(a) e uma boa ferramenta de aprendizagem para os estudantes. Atualmente, também é utilizado o *Pensamento manual* (*Manual thinking*), que consiste numa ferramenta de trabalho em grupo baseada em mapas dobráveis e *hashtags* removíveis, sobre as quais os estudantes podem planejar, criar ideias e tomar decisões.[3]

Flash ou roda de intervenções

Cada aluno expressa, em sua vez, sua opinião com referência a um problema na matéria ou a uma experiência pessoal. Não há discussão até que todos tenham falado. Em seguida, considera-se como lidar com as intervenções. A pergunta direta feita a

---

3. Disponível em: https://manualthinking.com/. Acesso em: 12 jan. 2021.

um aluno também é considerada um *flash*. Deve-se ter cuidado para não expor os alunos se eles não responderem.

Diálogos simultâneos

Oportunidade muito curta para trocar ideias, opiniões e dúvidas com os colegas. Devido ao barulho durante essa atividade, ela também é chamada de *colmeia* ou *zumbido*. Igualmente é chamada de *duplas*, pois em geral é feita em duplas. É uma estratégia que também ajuda a quebrar o cansaço no meio de uma sessão de aula expositiva. A atividade auxilia na verificação de conhecimentos prévios dos alunos a respeito de um determinado assunto. Existe uma variante, que é a ajuda de outra dupla, e consiste em compartilhar o que foi feito com outra dupla.

Rotina do pensamento (vejo, penso, me pergunto)

Consiste numa estratégia utilizada para promover o "aprender a pensar para construir conhecimento" e ajudar a desenvolver a competência de "aprender a aprender" para assistir a vídeos.

A dinâmica é a seguinte: assistindo a um vídeo, os alunos devem anotar individualmente o que veem ou ouvem, escrevendo, sem interpretar, o que acharam, as ideias sugeridas e as perguntas que vêm à mente. A seguir, eles deverão extrair as seguintes informações: a) O que você ouviu nesse vídeo? b) Que pensamentos vieram à mente ao ouvir o vídeo? c) Que perguntas a mensagem ouvida desperta? d) Compartilhamento do que cada um percebeu.

Ao compartilhar as respostas, evidenciam-se percepções diferentes sobre o mesmo objeto ou realidade. A estratégia se desenvolve primeiro de modo individual e depois no grande grupo, permitindo aos docentes saber quais são os conhecimentos iniciais dos estudantes.

Resolução de exercícios e problemas

É utilizada em situações em que se pede aos alunos que desenvolvam as soluções adequadas ou corretas através do exercício de rotinas, da aplicação de fórmulas ou algoritmos, da aplicação de procedimentos de transformação da informação disponível e da interpretação dos resultados. Geralmente é usada como complemento à aula expositiva. Existe uma grande variedade de tipologias de exercícios e problemas em função de sua solução (abertos ou fechados), procedimento (reconhecimento, algorítmico, heurístico), tarefa (experimental, quantitativa etc.), abrindo assim múltiplas possibilidades de aplicação. Os exercícios ou problemas podem ser apresentados com vários graus de complexidade e quantidade de informações.

Quatro cantos

Muitos problemas têm mais de uma solução, sendo que para alguns deles não há critérios objetivos para avaliar as soluções. O professor seleciona quatro soluções, respostas ou opiniões típicas para escrevê-las em pôsteres que são colocados nos quatro cantos da sala de aula. Os alunos participantes circulam, leem os depoimentos e ficam no canto onde está a observação com que estão de acordo. Os grupos escolhem um porta-voz, discutem sua decisão, podem mudar de assunto se outro argumento os convencer e, em seguida, relatam ao plenário. O(a) professor(a) compartilha. É uma estratégia que pode ajudar a aprender a resolver problemas e, acima de tudo, a conhecer e respeitar diferentes pontos de vista, além de conhecer outros membros do grupo.

Quebra-cabeças de grupo

Faz parte da aprendizagem cooperativa. É uma estratégia útil para motivar os alunos a se responsabilizarem pelo aprendizado de um assunto em profundidade e, posteriormente, ensiná-lo aos colegas. Também é eficaz para abordar profundamente um amplo conteúdo conceitual, à medida que os alunos aprendem e ensinam uma variedade de tópicos inter-relacionados durante o desenvolvimento da estratégia. Utilizam-se diferentes tipos de grupos e incluem-se atividades de estudo e trabalho autônomo, tarefas em equipe e momentos de debate e discussão dentro do grande grupo.

Inicialmente, formam-se pequenos grupos. A disciplina é dividida de modo que cada membro do grupo receba uma parte mais ou menos igual (de acordo com a dificuldade e extensão). Para abordar essa parte, cada membro encontrará os membros dos outros grupos que selecionaram a mesma parte do conteúdo, formando um novo grupo (é o grupo de especialistas naquele tópico). Existem tantos grupos de especialistas (ou *experts*) quanto partes em que se divide o assunto estudado.

Ao terminar o trabalho, os especialistas podem ou não retornar aos seus "grupos principais" (ou iniciais). Cabe agora aos especialistas montar os elementos do quebra-cabeça: cada um faz o papel docente, apresentando e explicando seus conhecimentos da parte da matéria aos seus colegas, que devem ouvir, perguntar, construir exemplos etc. Por fim, cada membro do grupo deve conhecer todo o material. O sucesso de cada um é o sucesso de todos e vice-versa. Em seguida, um membro do grupo de especialistas explica a sua parte do tema para a sessão plenária e o(a) professor(a) esclarece, expande e expõe o assunto. É uma estratégia adequada para a revisão ou apresentação de matéria nova ou complexa.

Rali de grupos

O rali de grupos é uma técnica para praticar habilidades ou conhecimentos em três etapas. O processo se inicia com a apresentação de novas informações através dos métodos usuais. Para a etapa prática, formam-se pequenos grupos (em geral, de quatro pessoas), sempre heterogêneos quanto ao desempenho de seus membros. Os parceiros tentam ajudar uns aos outros durante a prática. Na terceira etapa, o desempenho dos membros do grupo é medido individualmente, considerando o nível de desempenho individual. A adição de avaliações individuais oferece o critério de sucesso para o grupo.

Phillips 6/6

Formam-se grupos de seis pessoas, sendo que um dos membros deve ser escolhido como o(a) coordenador(a) do grupo. Cada integrante tem um minuto para opinar sobre um assunto (seis pessoas/seis minutos; é possível diminuir o tempo e as pessoas, mas não é aconselhável aumentá-lo). Uma nova reflexão é feita.

Os coordenadores leem os relatórios e um resumo das conclusões é feito na lousa. É uma atividade interessante tomar decisões, identificar os conhecimentos prévios ou obter a opinião geral do grupo em pouco tempo, confrontar ou trocar opiniões e permitir que todos do grupo intervenham. Seu uso mais adequado é em grandes grupos.

Lanche

Cada aluno, individualmente, considera para si uma questão, uma leitura, um problema ou uma determinada posição. Pequenos grupos são então formados para comparar sugestões individuais e entrar num acordo. Uma conclusão é tirada do pequeno grupo e é levada ao plenário ou ao(à) professor(a).

Aprendizagem Baseada em Problemas (ABP ou PBL)

Por volta da década de 1960, surge um conjunto de novas formas de abordagem do processo de ensino-aprendizagem. O foco era passar da clássica apresentação oral, em que o(a) professor(a) tinha todo o peso informativo, para metodologias em que os alunos fossem o centro do processo educativo. Entre elas, destaca-se a Aprendizagem Baseada em Problemas (ABL — *Problem Based Learning* — PBL), uma metodologia criada na McMaster University Medical School (Canadá) que se tornou um divisor de águas no que se refere ao desenho e à ação docente. O ponto de partida é sempre um problema — que foi projetado pelos docentes — que deve ser resolvido pelos alunos, no intuito de desenvolver certas competências previamente definidas. Os alunos, em grupos, aprendem, a partir de um problema, a buscar as informações de que precisam para entender e obter uma solução para esse problema.

Etapas:

1. Ler e analisar o problema com atenção.
2. Elaborar hipóteses possíveis na forma de tempestade de ideias (*brainstorming*).
3. Fazer uma lista do que se sabe.
4. Escrever uma lista com o que não se conhece e que é necessário conhecer.
5. Fazer uma lista do que precisa ser feito para resolver o problema.

6. Definir claramente o que se deseja produzir, resolver ou demonstrar.
7. Obter, organizar e analisar informações de várias fontes.
8. Apresentar resultados pertinentes à solução do problema.

Técnica de colocação de estruturas

Os principais conceitos são anotados em fichas ou enumerados numa folha de papel. Os participantes devem colocar as fichas ou conceitos de modo que se construa uma estrutura de ligações ou de grupos de conceitos. A tarefa pode ser realizada individualmente, em pares ou em pequenos grupos. Os resultados são comparados posteriormente em plenário. A técnica pode ser usada para verificar conhecimentos prévios ou como avaliação. Esta estratégia requer que haja certa estrutura invariável.

Rede de conceitos

Os conceitos centrais do tema são escritos em fichas ou em uma folha de papel. Cada participante recebe uma ficha aleatória. Em seguida, os participantes podem trocar suas fichas ("permuta") para garantir que cada um possa falar sobre seu conceito. Então, um dos participantes começa a explicar seu conceito. Na sequência, é a vez do participante que acredita que seu conceito se refere àquele recém-abordado, o qual considera que seu conceito se vincula àquele de alguma forma ou mesmo que significa justamente o oposto etc. O(a) professor(a) relaciona os conceitos ou expande o assunto. É uma estratégia indicada para trabalhar competências, como a análise e a diferenciação de conceitos. Assim como nos organizadores gráficos, pode-se utilizar o *Pensamento manual*, ferramenta de trabalho em grupo baseada em mapas dobráveis e etiquetas removíveis, que permite aos alunos planejar, criar ideias e tomar decisões.[4]

Contrato de aprendizagem

Embora não seja exatamente uma estratégia metodológica, o contrato de aprendizagem é amplamente

---

4. Disponível em: https://manualthinking.com/. Acesso em: 12 jan. 2022.

utilizado na universidade. É um acordo estabelecido entre docente e aluno(a) para a concretização da aprendizagem através de uma proposta de trabalho autônomo, com supervisão do(a) professor(a) e por período determinado. Constitui requisito básico um acordo formalizado, uma relação de prestação de contas recíproca, um envolvimento pessoal e um prazo para a execução. É uma técnica para facilitar a individualização da aprendizagem. É um acordo formal por escrito entre educador e aluno que detalha suas expectativas: o que será aprendido, como será monitorada a aprendizagem, o período que estabelece e os critérios de avaliação a serem usados para julgar como foi completada a aprendizagem.

Sala de aula invertida

Dentro desta abordagem, vamos nos concentrar em três estratégias de ensino amplamente utilizadas e estudadas hoje: *Peer Instruction* (Instrução entre Pares), *Just in Time Teaching* (Ensino sob Medida) e *Team Based Learning* (Aprendizagem Baseada em Grupos). Embora as três estratégias compartilhem os princípios da sala de aula invertida ou inversa, elas apresentam nuanças diferenciais que são detalhadas a seguir.

A. Instrução entre Pares (*Peer Instruction*)

Essa modalidade cooperativa de "sala de aula invertida" foi desenvolvida, na década de 1990, por Eric Mazur, professor de Física em Harvard, e projetada para trabalhar com grandes grupos. Sua implementação veio em consequência de alguns estudos na área do ensino de Física, os quais revelaram que as aulas teóricas expositivas tinham pouco impacto na compreensão desenvolvida pelos estudantes a respeito dos conteúdos da disciplina, mesmo quando os(as) alunos(as) aprendem os algoritmos corretamente. Por sua vez, outros trabalhos mostraram, paralelamente, como os alunos desenvolveram competências e habilidades de arrazoamento e análise de forma mais eficaz quando estavam ativamente envolvidos em seu processo de estudo, e como as atividades cooperativas aumentaram de modo considerável o comprometimento dos alunos com sua própria aprendizagem (Heller; Keith; Anderson, 1992).

O objetivo da instrução entre pares é transformar o ambiente de aprendizagem da sala de aula para que todos os alunos se envolvam nos processos de apropriação ativa da matéria. Em vez de apresentar uma série de conceitos, teorias e/ou procedimentos de modo unidirecional, as aulas são estruturadas em breves apresentações de pontos-chave do conteúdo (de sete a 10 minutos) por parte do docente, seguidas de testes conceituais de múltipla escolha sobre o tema, que devem ser respondidos individualmente pelos discentes. A seguir, as respostas devem ser compartilhadas com o estudante que estiver mais próximo, revendo suas respostas novamente e, por fim, prosseguir para um *feedback* final do professor (cinco minutos). A experiência de Mazur (1997) indica que, em uma hora de aula, esse ciclo pode ser repetido até quatro vezes.

O procedimento é apresentado no seguinte esquema:

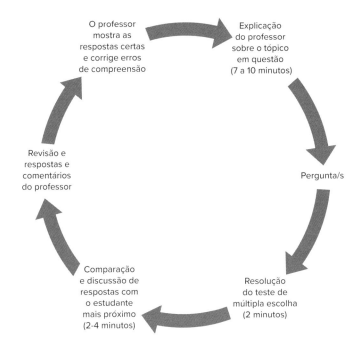

Recomenda-se empregar entre um terço e a metade do tempo da aula para perguntas e o restante para explicações. Porém, é preciso considerar a flexibilidade na combinação de perguntas/respostas e explicações em função do nível prévio do alunado, da dificuldade do tema e do número de participantes. Há professores que dedicam uma aula inteira a um único tópico, enquanto outros podem realizar uma aula centrada na análise de diversos temas.

b. Ensino sob Medida (*Just in Time Teaching*)

Essa estratégia teve origem na Universidade de Indiana (Purdue) na década de 1990, onde professores do departamento de Física introduziram esse tipo de aula invertida, na qual os alunos desenvolvem uma atividade de estudo dirigida antes da aula, respondendo a um questionário *on-line* (entre uma e 24 horas antes), e o professor prepara a sessão ajustando sua explicação às respostas obtidas nesse questionário.

É possível observar o processo na figura a seguir:

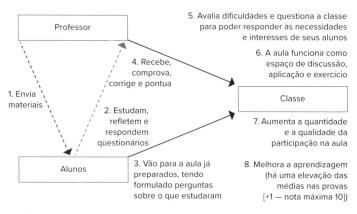

Fonte: Prieto (2011)

Poucos dias antes do início das aulas, o(a) professor(a) indica aos alunos que documentos do ambiente virtual eles devem estudar (documentos eletrônicos, vídeos etc.). Depois de concluído o estudo, os alunos respondem a um questionário (geralmente *on-line*), a partir do qual o professor obterá informações sobre o nível de compreensão dos alunos e os seus erros mais frequentes. Dois ou três dias antes do início da aula, o(a) professor(a) analisa as respostas e decide quais aspectos da matéria não devem ser abordados, quais precisam ser esclarecidos e onde aparecem os erros mais comuns.

c. Aprendizagem Baseada em Grupos (*Team Based Learning*)

Desenvolvido inicialmente na década de 1980 por Larry Michaelsen, professor da área de negócios da Universidade de Oklahoma, o processo começa com os alunos lendo e estudando o material anterior, conforme mostra o diagrama a seguir. Quando chegam à aula, respondem individualmente a um teste (em geral, de múltipla escolha). Então, em pequenos grupos, eles entram em consenso com respeito às respostas e validam o teste novamente. Segue-se a isso o compartilhamento no grande grupo, onde os alunos recebem *feedback* imediato sobre seu trabalho e podem justificar (ou apelar) suas respostas. O ciclo termina com uma miniaula explicativa, em que as dúvidas são sanadas e a aprendizagem é consolidada pelo docente através de atividades de "aplicação" e transferência de conceitos e procedimentos estudados e validados para o grupo. Como se pode ver, a ênfase é colocada tanto nas competências relacionadas à assimilação intelectual dos temas do programa, quanto nas habilidades necessárias para a aplicação do conteúdo e resolução de problemas.

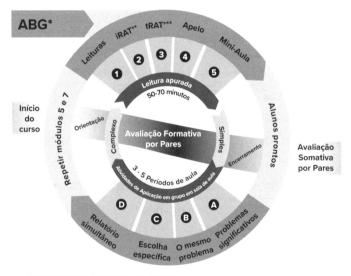

* Aprendizagem Baseada em Grupos
** INDIVIDUAL *readiness assurance*
*** TEAM *readiness assurance*

Fonte: Moraga, D (2012). *El proceso de Aprendizaje Basado en grupos*. Documentación del seminario Aprendizaje Basado en Equipos. Barcelona: ICE-UB

Observemos o processo, de acordo com o diagrama proposto:

a) Inicia-se com a leitura e o estudo prévio do material por parte dos alunos. O objetivo é garantir e consolidar as aprendizagens realizadas durante a leitura orientada.

b) No momento em que estão na sala de aula, respondem individualmente a um teste (em geral, de múltipla escolha).

c) Então, em pequenos grupos, discutem as respostas e respondem novamente ao teste. Realiza-se um novo compartilhamento, agora no grande grupo, onde os alunos recebem *feedback* imediato sobre seu trabalho e podem justificar (apelar) suas respostas.

d) O ciclo é concluído após compartilhar esclarecimentos, em que as dúvidas são sanadas e a aprendizagem consolidada pelo docente, com a realização em grupo de determinadas atividades de "aplicação" e transferência de conceitos e procedimentos estudados e validados.

Essas atividades são projetadas em torno de problemas significativos, sendo que todos os grupos trabalham no mesmo problema e oferecem suas soluções simultaneamente. Em uma disciplina semestral, quatro a seis ciclos de aprendizagem em grupo podem ser desenvolvidos.

A abordagem da sala de aula invertida envolve a transição do ensino, que visa familiarizar os alunos com os conceitos da disciplina para um método que exige o uso desses conceitos para resolver problemas. Essa mudança requer uma alteração das funções do professor e do aluno. O papel primordial dos professores passa do fornecimento de informação à concepção e à gestão do processo formativo em geral, e os papéis dos alunos passam de receptores passivos de informação a responsáveis por estudar os conteúdos da disciplina de forma autônoma, de modo que eles possam ser preparados para o trabalho em grupo em sala de aula. De imediato, procedemos à partilha que se inicia com o esclarecimento das respostas do grupo e os apelos daqueles grupos que, tendo respondido incorretamente, pretendem justificar os motivos da sua resposta.

Aprendizagem através de Jogos (Gamificação)

Referimo-nos, em termos gerais, à *gamificação* como o uso de dinâmicas, mecânicas e estéticas próprias de jogos em ambientes não lúdicos para adquirir, desenvolver e/ou melhorar uma determinada atitude ou comportamento. O uso de jogos no campo do ensino não é nenhuma novidade. Trata-se de experiências muito variadas que atestam o potencial do jogo como uma estratégia "guarda-chuva", sob a qual os professores projetam e usam uma infinidade de técnicas, dinâmicas e recursos vinculados ao lúdico.

Consiste no uso de técnicas, elementos e dinâmicas próprias dos jogos com a finalidade de aumentar a motivação, bem como para resolver um problema ou alcançar um objetivo educativo. É preciso fornecer elementos de jogo às atividades com um propósito formativo. No âmbito universitário, a gamificação é uma estratégia metodológica que se refere ao uso de pensamento e de elementos lúdicos para envolver os estudantes, motivá-los à ação e a promover a aprendizagem e a resolução de problemas, e não propriamente para o uso de jogos em si. Normalmente, são utilizados recursos de mídia digital. Hoje, há muitos programas informativos e na Web que facilitam a gamificação na prática universitária.

Introduzir a gamificação significa criar entornos ou processos de aprendizagens que incluem atividades motivadoras, divertidas, inovadoras e criativas, apoiadas em alguns componentes similares aos dos jogos (*videogames*), com a finalidade de motivar e envolver os participantes nas atividades dentro e fora da sala de aula. Pode ser usada no início do processo, para verificar ideias anteriores; durante o desenvolvimento, para realizar uma aprendizagem mais profunda; ou no final, como um resumo da aula.

Vale ressaltar que o fim não é o jogo em si, mas uma nova estratégia de ensino que visa introduzir estruturas a partir de *games* para transformar uma atividade, tornando-a mais estimulante ao aprendizado para alcançar uma atitude de maior responsabilidade e comprometimento com o que se aprende. O aprendizado deve ser diferenciado do entretenimento. Não se trata de diversão ou entretenimento em si, mas de um procedimento distinto, capaz de envolver os alunos no processo de aprendizagem.

5

Quando escolher uma estratégia ou outra?

Quando programamos uma estratégia para aplicá-la no ensino universitário, devemos escolher aquela que é a mais adequada. Porém, mais adequada para o quê, para quem e em qual momento, para quantos alunos etc.? Para escolher entre uma técnica ou outra, devemos considerar o seguinte:

— *Os objetivos desejados.* Por exemplo, se queremos promover a troca de ideias, podemos aplicar uma estratégia de discussão ou debate; se quisermos que os alunos deem diferentes pontos de vista sobre um assunto ou problema, podemos usar o fórum ou a mesa-redonda (que não foi explicada anteriormente devido à sua simplicidade e amplo uso, já que consiste em diferentes especialistas dando a sua opinião sobre um assunto); se quisermos que eles modifiquem atitudes ou entendam uma situação experiencial, usaremos um jogo teatral ou dramatização etc.

— *O tamanho do grupo.* Se o grupo for de, no máximo, 20 pessoas, pode-se utilizar um maior número de estratégias, mas se o grupo for grande, teremos de escolher técnicas que nos permitam maior agilidade e partilha.

— *A maturidade do grupo.* Se a classe não estiver habituada a trabalhar em pequenos grupos, é aconselhável começar com estratégias de sensibilização que possam gerar um ambiente de trabalho coletivo, por exemplo, a tempestade de ideias ou *brainstorming*, produção em pares ou diálogos simultâneos etc.

— *O ambiente ou contexto da aula.* É importante levar em consideração o lugar físico: o espaço, o ruído, o mobiliário.

— *O tempo.* As aulas na universidade têm um tempo limitado, e é importante que o trabalho em grupo seja feito dentro desse horário e não fique pendente para outro dia.

— *As características dos alunos.* Isso indica que poderemos aplicar estratégias diferentes de acordo com o tipo de aluno, considerando: a idade, a série, o ciclo... Ao aplicarmos técnicas altamente estruturadas, quanto mais velhos forem os integrantes dos grupos, mais lhes pode parecer uma brincadeira de criança.

— *A personalidade do(a) professor(a).* Nem é preciso dizer que cada um deve saber o que é capaz de aplicar. É muito importante que o(a) professor(a) conheça bem como aplicar a estratégia e a sua partilha. Se o docente não estiver familiarizado com a atividade, é fundamental começar pelo mais simples (discussão em duplas, discussão dirigida...). Pouco a pouco, estratégias mais complexas podem começar a ser aplicadas.

Antes de escolher uma estratégia ou outra, deve-se ter em mente que, ao aplicá-la, é necessário conhecer suas vantagens e desvantagens, ter o objetivo claro e definido pelo(a) professor(a) e preparar bem a pauta de trabalho.

Em resumo, a escolha de uma estratégia se baseia em vários componentes. Se desejamos obter uma informação rápida a respeito da opinião do grupo sobre algum tema e o grupo é composto por mais de 60 pessoas, o mais adequado seria usar a técnica Phillips 6/6 ou diálogos simultâneos. Se quisermos despertar o senso de criatividade em relação a um problema, vale aplicar a tempestade de ideias etc. Quando o grupo é pequeno, estratégias como discussão ou fórum podem ser usadas. Se o grupo for muito grande, será preciso utilizar estratégias com diretrizes muito claras para controlar a participação e o trabalho de todos.

Para finalizar, podemos afirmar que um dos temas concorrentes no corpo docente universitário é a falta de participação dos alunos. Mas se o aluno é um coprodutor constante do ensino, será necessário despertar a motivação para participar. No entanto, um dos problemas enfrentados na universidade é a motivação do corpo discente. Para estimular os estudantes, é possível fazer o seguinte:

- Esclarecer e especificar no início o propósito, os objetivos do que o(a) professor(a) quer e como a tarefa será realizada.
- Especificar o que se espera dos alunos.
- Verificar com os alunos suas expectativas.
- Apoiar-se nos conhecimentos prévios e nas competências já adquiridas pelos alunos.
- Fazer os alunos reagirem a um suporte simples (diagrama, foto, plano...).

- Pedir aos alunos que façam coisas sozinhos.
- Fornecer pontos de referência durante o treinamento. Indicar onde estamos, que caminho seguimos e o que estamos perdendo.
- Dar *feedback* aos alunos constantemente. Se quisermos que os alunos participem, o *feedback* deve ser descritivo e não avaliativo. E, claro, não reagir de modo agressivo diante de uma participação.
- Pedir aos alunos que se expressem, deem sua opinião e participem das perguntas feitas.
- Não exceder a curva de fadiga, que está aproximadamente nos 15-20 minutos da sessão de apresentação unilateral (aula expositiva).
- Variar a metodologia aplicando diversas estratégias.
- Propor trabalhos em pequenos grupos e avaliá-los.
- Realizar sempre o compartilhamento, que deve ficar registrado na lousa ou em algum meio.

Com certeza, conseguiremos uma motivação maior dos alunos para seu processo de aprendizagem e, claro, melhoraremos nosso processo de ensino.

6

DIFICULDADES NA PARTICIPAÇÃO DO ALUNADO

Trabalhar em um pequeno grupo na sala de aula da universidade também traz problemas. São vários os problemas que devemos considerar ao criar pequenos grupos na aula e pedir para que os alunos participem. Não nos deparamos apenas com a falta de hábito desse trabalho, mas também com outros problemas derivados da cultura do trabalho isolado na universidade. Para evitar ao máximo esses problemas, devemos:

- Explicar com muita clareza o objetivo do trabalho a ser realizado. O(A) estudante deve ter uma visão muito específica sobre o que se espera dele(a).
- É preciso monitorar o tipo de grupo de alunos, um grupo muito grande pode impedir a comunicação, como já comentamos. O ideal seria formar grupos de quatro a cinco alunos.
- Vale recordar que o trabalho em grupo envolve um clima adequado na sala de aula.

Também se pode constatar que algumas pessoas do grupo predominam sobre as outras, por isso devemos atribuir papéis específicos ou solicitar intervenções do restante do grupo (o *flash* realizado com cuidado pode ser uma boa oportunidade para promover a participação).

Outras dificuldades que podem ser encontradas na participação dos alunos em sala de aula são:

- Os alunos não estão acostumados a trabalhar em equipe.
- Trabalhar em grupo significa aceitar algumas renúncias pessoais.
- O contexto pressiona para transmitir mais conteúdo do que elementos de participação.
- Desestimular a participação, quando um problema ou situação pode ser resolvida mais rápido e melhor com uma explicação ou uma leitura, desde que predomine o aspecto conceitual.

E o papel dos professores é importante na participação. Pode parecer que envolver os alunos significa não fazer nada pelos professores, perder tempo. Ao contrário. Estimular a participação dos alunos envolve uma preparação maior do desenho da atividade, acompanhamento durante a sua execução e a devida partilha. Todas essas funções são importantes e nenhuma pode ser esquecida. A orientação oferecida aos alunos para o trabalho deve ser bem elaborada e precisa; o acompanhamento do trabalho através de consulta ou tutoria a pequenos grupos é importante para a motivação, e, sempre, qualquer estratégia de trabalho em grupo deve envolver um *pooling* e, se possível, a participação máxima.

Algumas das recomendações para alcançar um aprendizado maior dentro do processo de participação por parte do alunado podem ser:

- Não monopolizar uma discussão. Numa discussão em grupo, é importante que haja uma troca de ideias e opiniões. O papel do professor é focar o tema, estimular a participação e envolver o grupo.
- Nem sempre se deve dar a palavra ao primeiro aluno que levantar a mão. Às vezes, interessa-nos que um aluno que pouco participa possa dar uma opinião, mesmo que tenha levantado a mão depois.
- Deve-se prestar atenção tanto aos alunos que falam, quanto aos que não falam. Às vezes, um

olhar ou uma pergunta direta ajuda um aluno com dificuldade de falar a intervir.

- Não se pode invadir a privacidade do corpo discente. Não se deve forçar um estudante a falar e eles não podem ser solicitados a explicar as suas experiências, se não quiserem.

- Deve-se permitir que comentários surjam durante a sessão. Às vezes, é bom aproveitar os comentários dos alunos sobre um determinado assunto.

- Às vezes, discussões em pequenos grupos são melhores do que com toda a classe. Quando há muitos alunos na sala, a participação é difícil. Dividir a turma em pequenos grupos é uma boa solução para aumentar a participação e o envolvimento entre eles.

- Quando é solicitada a participação, seja qual for a estratégia, a meta ou o objetivo do trabalho deve ser claro e explícito. A participação requer indicações claras e específicas. Os alunos devem saber muito bem o que deve ser feito; o grupo não deve ficar com a impressão de que está participando para preencher um determinado tempo. Não há pior participação do que aquela que é inútil ou usada apenas para ocupar o tempo.

Para ampliar

BAIN, K. *Lo que hacen los mejores profesores universitarios.* Valencia: PUV, 2006.

BARKLEY, E. *et al. Técnicas de aprendizaje colaborativo*: manual para profesores universitarios. Madrid: Morata/MEC, 2007.

BIGGS, J. *Calidad del aprendizaje universitario.* Madrid: Narcea, 2005.

BOWDEN, J.; MARTON, F. *La universidad:* un espacio para el aprendizaje. Más allá de la calidad y la competencia. Madrid: Narcea, 2012.

BROCKBANK, A.; McGILL, I. *Aprendizaje reflexivo en la educación superior.* Madrid: Morata, 2002.

CARRERAS, J.; PERRENOUD, P. *El debate sobre las competencias en la enseñanza universitaria.* Barcelona: Octaedro--ICE, 2008.

GOÑI, J. *El espacio europeo de educación superior, un reto para la universidad*: competencias, tareas y evaluación, los ejes del currículo universitario. Barcelona: Octaedro, 2007.

HELLER,P.; KEITH, R. and ANDERSON, S. *Teaching problem solving through cooperative grouping*. Part 1: Group versus individual problem solving. *American Journal of Physics* 60, 627. 1992. https://doi.org/10.1119/1.17117.

KNIGHT, P. *El profesorado de educación superior*: formación para la excelencia. Madrid: Narcea, 2005.

KOLB, D. *Experiential learning experiences as the source of learning development*. New Jersey: Pearson Education. Segunda edición. Disponible en https://www.researchgate.net/publication/315793484_Experiential_Learning_Experience_as_the_source_of_Learning_and_Development_Second_Edition, 2015.

LASRY, N.; MAZUR, E.; WATKINS, J. Peer instruction: from Harvard to community colleges. *American Journal of Physics*, v. 76, p. 1066-1069, 2008.

MAZUR, E. *Peer instruction*: a user's manual. Upper Saddle River: Prentice Hall, 1997.

MEDINA, J. Una reconceptualización de los saberes profesionales que se enseñan en la universidad: más allá de las competencias. *In*: MEDINA, J.; JARAUTA, B. (ed.). *Enseñanza y aprendizaje en la educación superior*. Madrid: Síntesis, 2013.

MEDINA, J.; JARAUTA, B.; IMBERNÓN, F. *La enseñanza reflexiva en la educación superior*. Barcelona: Octaedro-ICE, 2010.

MICHAELSEN, L.; KNIGHT, A.; FINK, D. (ed.). *Team-based learning*: a transformative use of small groups. New York: Praeger, 2002.

NOVAK, J. D.; GOWIN, D. B. *Aprendiendo a aprender*. Barcelona: Martínez Roca, 1988.

PRIETO, A. *El proceso de Just in Time teaching*. 2011. Disponível em: http://profesor3punto0.blogspot.com.es/2013/09/como-lograr-que-los-alumnos-adopten-un.html. Acesso em: 15 dez. 2021.

RUÉ, J. *El aprendizaje autónomo en educación superior*. Madrid: Narcea, 2009.

SCHULMAN, L. en LYONS, N. (ed.). *El uso de portafolios:* propuestas para un nuevo profesionalismo docente. Buenos Aires: Amorrortu, 1999.

SWEET, M.; MICHAELSEN, L. (ed.). *Team-based learning in the social sciences and humanities*: group work that works to generate critical thinking and engagement. Virginia: Stilus Publishing, 2012.

GRÁFICA PAYM
Tel. [11] 4392-3344
paym@graficapaym.com.br